LA RÉPUBLIQUE

ET

LES CAMPAGNES

LETTRES A UN DÉLÉGUÉ

PAR

T. PETITBIEN

Conseiller général de Meurthe-et-Moselle

PARIS

LIBRAIRIE UNIVERSELLE DE GODET JEUNE

PLACE DES VICTOIRES, 9

Et chez tous les Libraires.

—

1876

LA RÉPUBLIQUE

ET

LES CAMPAGNES

Lettres à un Délégué

Monsieur,

Vous désirez que je vous donne quelques conseils au sujet des élections qui vont avoir lieu. Vous penchez, dites-vous, pour la République ; mais vous voudriez, avant de prendre un parti, connaître l'histoire des gouvernements qui l'ont précédée, dont chacun tour à tour vous vante les avantages.

On ne peut guère s'étonner que les partisans des régimes déchus cherchent à exploiter à leur profit la clause de révision que contient la Constitution du 25 février 1875, mais j'ose espérer que cette clause ne servira qu'à apporter à la Constitution les améliorations que la pratique pourrait réclamer. La République existe, il faut la conserver, non-seulement pour éviter les dangers d'une révolution, mais encore pour pouvoir prendre entre nos mains la direction de nos propres affaires. Un roi, fût-il le meilleur et le plus parfait des hommes, ne les connaîtra pas aussi bien que nous, et ne s'en souciera jamais autant. S'il gouverne, il songera bien plutôt aux intérêts de sa dynastie qu'à ceux qui lui sont confiés ; s'il ne gouverne pas, il est inutile, partant dangereux.

Proposez à un cultivateur de remettre l'administration de ses biens entre vos mains à perpétuité, c'est-à-dire non seulement entre les vôtres, mais encore entre celles de vos fils et de vos arrière-petits-fils, et soyez certain qu'il vous répondra justement qu'il ne passe que des contrats temporaires, et qu'il ne veut pas de fermiers indéfiniment obligatoires. Il aurait raison, sans doute, mais lorsqu'il s'agit de la fortune publique, pourquoi tiendrait-il un autre langage ? Vous ne voudriez pas, pour votre commune, d'un maire à vie et à survie, ni de conseillers municipaux héréditaires ; vous vous défieriez à bon droit sinon de leur habileté, du moins des incapacités que l'âge entraîne après lui, et des aptitudes de leurs enfants ; et cependant vous iriez, lorsqu'il s'agit de l'administration de l'Etat, aliéner à jamais votre liberté ? Cela aurait-il le sens commun ?

On cherchera peut-être à vous effrayer du péril social, comme on fit jadis du spectre rouge ; on vous dira que la République conduit fatalement au radicalisme, au communisme, à l'anarchie ; autant d'arguments vieillis et surannés. La République, croyez-moi, ne sera rien que ce que nous voudrons qu'elle soit, puisque nous la ferons nous-mêmes. Regardez d'ailleurs autour de vous ; les républicains que vous connaissez sont-ils des hommes de sang et de désordre, des fauteurs d'anarchie ? Non, ce sont d'honnêtes gens, bien éloignés de songer à partager avec vous, incapables d'exciter les mauvaises passions ; leur véritable

crime est de vouloir voir clair dans leurs propres affaires.

Dire que nous ne sommes pas mûrs pour la liberté,
opposer les excès de la révolution au calme et à l'ordre qui règne dans une monarchie, comme si la monarchie ne comptait pas des jours cent fois plus mauvais que les plus mauvais jours de la terreur ou de la
commune, voilà qui est facile assurément; mais il
reste toujours à prouver qu'un roi est seul capable
de vous donner enfin le repos auquel nous aspirons
depuis si longtemps. Ce qui a tué la monarchie, ce
qui l'a rendu à jamais impossible, plus sûrement que
les meilleurs raisonnements du monde, c'est qu'elle
n'a rien su faire pour nos intérêts, c'est qu'elle nous
a constamment sacrifiés pour flatter ceux dont elle
avait tout à craindre ; c'est qu'enfin, nous en avons
plus fait pour nous en quelques années de liberté que
nos rois ou empereurs dans un règne de près de
quinze siècles. Que les légitimistes nous vantent, s'ils
le veulent, les quatorze siècles de prospérité de l'ancien régime, je respecte leurs convictions, mais je ne
puis m'associer à leurs regrets.

Où est donc cette prospérité tant vantée ? Je ne la
trouve à nulle époque. Pendant tout le règne des
Mérovingiens, je ne vois que partages et guerres sans
fin. Quand une révolution de palais eut précipité du
trône les Mérovingiens, et que les Carlovingiens eurent pris leur place, on put espérer un instant des
jours plus heureux; mais cette illusion ne dura
guère. A peine l'empire de Charlemagne est-il formé,
qu'il se désagrége d'abord en trois royaumes, ensuite
en une foule de petites principautés toutes indépen-
dantes les unes des autres. Les faibles successeurs de
Charlemagne n'étaient pas capables de remédier au
mal ; Charles le Chauve fut même obligé de reconnaître, par l'édit de Kiersy (877), l'existence légale

de la féodalité. Pendant la période féodale, le peuple des campagnes a eu à supporter non-seulement les guerres étrangères et celles que les seigneurs se faisaient entre eux, mais encore les vexations intolérables produites par les droits féodaux. Les rois ne pouvaient rien ou du moins pas grand'chose, et d'ailleurs ils se faisaient payer fort cher leurs services.

En 1183, Philippe-Auguste s'engage, moyennant une redevance annuelle, à ne plus s'emparer par force des habitants d'Orléans, de leurs femmes, de leurs fils et de leurs filles, et de ne plus leur faire de violence s'ils se soumettent aux jugements du roi. En 1188, il s'engage à protéger les habitants de St-André et de la ville d'Escurolles autant qu'il le pourra, par raison et par force, *moyennant l'abandon de la moitié de leurs revenus.*

En 1219, sous le pape Innocent III, le concile de Latrand ordonne à la puissance laïque, de prêter serment d'exterminer les hérétiques : ce serment tous nos rois l'ont prêté.

Mais à quoi bon insister d'avantage ? Que servirait-il de rappeler les cruautés commises pendant la guerre des Albigeois, la première de ces guerres de religion qui ont ensanglanté notre pays pendant près de trois siècles ; de montrer la France ruinée par la guerre de Cent Ans ; les paysans rançonnés et pillés tantôt par les Anglais, tantôt par la noblesse, obligés de payer une rançon de près de deux millards de notre monnaie pour le rachat du roi Jean ; révoltés à la fin, puis vaincus et exterminés ; nos rois, toujours en lutte soit avec la papauté, soit avec la noblesse ; Charles VI, livrant la France aux Anglais par le traité de Paris ; Charles VII, établissant la taille et les armées permanentes et se laisant mourir de faim dans la crainte d'être empoisonné par son fils ; Louis XI faisant donner la torture sous ses yeux, parce qu'il se défiait, disait-il, de la pitié des juges ; Charles VIII, précipitant la France dans ces ruineuses expéditions d'Italie pour soutenir ses prétentions sur la couronne de Naples ; Charles IX, ordonnant, le 22 août 1592, le massacre de la Saint-Barthélemy ; j'en ai assez dit, pour vous prouver que ce n'est pas encore à cette époque que se placent les belles années de l'ancien régime, je me hâte vers les temps modernes.

Si l'éclat des lettres, la gloire des armes, les splendeurs de la cour suffisent pour assurer la prospérité d'un royaume, je confesse que la France a traversé peu d'époques aussi heureuses que le XVIIe et XVIIIe siècles ; mais si vous exigez encore avec cela, comme je pense, que la nation soit riche, que l'agriculture soit florissante, alors, je ne crains pas de dire qu'il en est peu de plus misérables.

Quatre ans après la mort de Henri IV, qui nous promit, dit-on, la poule au pot, mais qui établit ce code de chasses qui restera comme un monument de barbarie d'un autre âge ; en 1614, les États généraux s'expriment ainsi dans leurs cahiers : « Votre pauvre peuple, qui n'a que la peau et les os se présente devant vous abattu, sans force, ayant plutôt l'image de la mort que d'homme ». En 1631, le duc d'Orléans écrivait à Louis XIII son frère : « Une partie de vos sujets, dans les campagnes, meurt de faim ; l'autre ne subsiste que de glands, d'herbes et autres choses semblables, comme les bêtes, et les moins à plaindre ne mangent que du son et du sang qu'ils ramassent dans les ruisseaux. »

Trois ans plus tard, en 1634, les États de Normandie parlent en ces termes : « Nous frémissons d'horreur à l'aspect des misères des pauvres paysans ; nous en avons vu quelques-uns, les années précédentes, se précipiter à la mort ; les autres, accouplés au joug comme des bêtes de charrues, paître l'herbe et vivre de racines. »

De 1634 à 1709, la misère va toujours croissant.

Vers cette époque, Vauban, maréchal de France, trace un tableau navrant de la misère du royaume : «Par toutes les recherches que j'ai pu faire, dit-il, après plusieurs années que je m'y applique, j'ai fort bien remarqué que, dans ces derniers temps, près de la dixième partie du peuple est réduite à la mendicité et mendie effectivement, et sur les neuf autres parties, il y en a cinq qui ne sont pas en état de faire l'aumône à celle-là, parce que eux mêmes sont réduits à peu de chose près à cette malheureuse condition. Que les quatre autres parties qui restent, trois sont fort malaisées et embarrassées de dettes et de procès et que dans la dernière, où je mets les gens d'épée, de robe, écclésiastiques ou laïques, les gens à charge militaire ou civile, les bons marchands, les bourgeois rentés et les plus accommodés, on ne peut compter sur 100,000 familles ; et je ne croirais pas mentir, quand je dirais qu'il n'y en a pas 10,000 qu'on puisse dire être fort à leur aise.

Ainsi, sur vingt millions d'habitants que contenait alors la France, on comptait deux millions de mendiants, dix millions d'indigents ou à peu près, six millions dans la gêne, un million et demi à l'aise et cinq cent mille d'à peu près riches. Depuis cette époque jusqu'en 1789, la misère est continuelle ; Jean-Jacques Rousseau la signale dans ses *confessions*, Turgot dans une lettre à un intendant. Et comment pouvait-il en être autrement avec des rois qui se considéraient comme les maîtres des biens de leurs sujets et qui prétendaient ne devoir compte qu'à Dieu de leurs actions.

Louis XIV fait un édit en Février 1659, pour la levée des dîmes ; il y prétend que ce prélèvement est de droit divin : «Dieu s'étant, dit-il, réservé cette partie de fonds pour témoigner de sa seigneurie.» Et il défend la fraude sur cet impôt. Un peu plus tard, il enlève aux communes un tiers des biens qui leur avaient été donnés, pour les rendre aux seigneurs (art. 4, titre XXX de l'ord. de 1669).

En 1685, il révoque l'Édit de Nantes qui avait mis fin aux troubles religieux, et par un édit, de 1686, il ordonne que les enfants des protestants seront enlevés à leurs parents à l'âge de cinq ans, et remis entre les mains des familles catholiques aux frais des premiers ; il dispose ensuite que les malades qui auraient abjuré et refuseraient de recevoir un prêtre, prêt endant mourir dans leur religion primitive, seront condamnés aux galères à perpétuité, s'ils en reviennent, sinon le procès sera fait à leur cadavre.

Louis XV persécute les protestants, les oblige à faire baptiser leurs enfants, et entraîne la France dans une guerre désastreuse qui a duré sept ans. Louis XVI, malgré la misère qui sévissait alors, ne craint pas de faire ouvrir vingt-sept routes de chasse dans les environs de Versailles, et le 13 février 1785, il défend de stipuler dans les actes de propriété qu'on pourra élever des clôtures et des bâtiments dans les plaines autour de Paris.

Voilà probablement, Monsieur, les belles années de l'ancien régime. Dieu nous garde jamais d'une pareille prospérité ! Quand un peuple se manque ainsi à lui-même, il est bien rare qu'il n'ait pas à s'en repentir un jour. Ces guerres continuelles, ces prodigalités insensées, croyez-vous qu'elles eussent persisté longtemps si la nation se fût mêlée un instant de ses affaires. C'est à cette absence de contrôle qu'il faut attribuer la révocation de l'Édit de Nantes, l'inutilité des remontrances des parlements, enfin cette augmentation croissante de l'impôt qui est un des maux dont l'ancien régime est mort. Obligés de ménager la noblesse et le clergé, forcés de compter avec la bourgeoisie des villes, nos rois, toujours à court d'argent, n'imposaient presque que le paysan.

Pour mettre leur conscience en paix avec eux-mêmes, ils avaient admis cette maxime ingénieuse que le paysan est naturellement paresseux, que s'il était riche, il ne travaillerait pas, de sorte qu'on le ruinait pour le rendre laborieux. Saint-Simon nous dit que Louis XIV exprimait le sang de ses sujets jusqu'au pus, et ce que Saint-Simon dit de Louis XIV, on peut le dire aussi de Louis XV. Mais ce n'étaient pas les impôts seuls qui frappaient sur les paysans. S'agissait-il de bâtir des casernes, de transporter des forçats dans les bagnes, des mendiants dans les dépôts de charité, s'agissait-il de charroyer les effets militaires quand les troupes changaient de place (charge fort onéreuse alors, car le bagage des troupes était nombreux), c'est à eux seuls qu'on s'adressait. Jusqu'à la fin du règne de Louis XIV, les chemins étaient entretenus aux frais de tous ceux qui s'en servaient, c'est-à-dire de l'État ou de tous les propriétaires riverains; mais, vers ce temps-là, on commença à les réparer aux dépens des seuls paysans; cet expédient pour avoir de bonnes routes sans les payer, parut si heureusement imaginé, qu'en 1737, une circulaire du contrôleur général, Orry, l'appliqua à toute la France. Il arriva bientôt un fait qu'on n'avait pas prévu, c'est que les paysans, déjà si accablés, ne pouvaient plus payer l'impôt, et l'on dut malgré les besoins du commerce, modérer un peu leur travail.

Je termine, Monsieur, je pourrais vous montrer le paysan dans ses rapports avec son seigneur et avec son curé; je pourrais vous le faire voir ruiné déjà par les gens du roi, obligé de faire moudre son blé au moulin du seigneur, de payer pour passer sur son pont, d'aller travailler pour rien sous ses ordres, puis, enfin, de donner un dixième du produit de ses terres

au curé ; mais, j'en ai assez dit, je crois, pour qu
vous bénissiez la Révolution de 89 et que vous ne
soyez pas tenté de revenir en arrière. Peut-être vous
dira-t-on qu'il ne s'agit pas de ramener l'ancien régime et les droits féodaux à jamais abolis par la Révolution, mais qu'il s'agit d'une monarchie sagement
tempérée et constitutionnelle, seul refuge, assure-t-on,
contre tous nos malheurs, La chose me paraît difficile ;
mais nous verrons demain, par l'expérience du passé,
ce que nous pourrions attendre de l'avenir.

Recevez, etc.

Monsieur,

Les légitimistes se trompent, lorsqu'ils croient que la promesse de respecter nos droits et nos libertés, peut nous ramener à la monarchie légitime ; outre que cette promesse est bien difficile à concilier avec le principe que le roi ne doit compte qu'à Dieu de ses actions, elle n'est pas suffisante pour calmer nos justes défiances. Si nous étions capables d'oublier les malheurs de nos pères sous l'ancienne monarchie, nous nous souviendrons toujours que nous n'avons pas eu nous-mêmes à nous louer de sa restauration, et nous ne serions guère tentés de renouveler l'expérience. Vingt ans après la mort de Louis XVI, nos rois légitimes revenaient parmi nous, ramenés par les armes de l'étranger, et l'on put se convaincre bientôt que l'exil ne leur avait rien appris, et qu'ils ne tarderaient pas à tenter de prendre leur revanche de 1789.

Sans doute, Louis XVIII ne dit pas comme Lous XIV : « l'État, c'est moi. » Il veut bien abandonner une partie de ses prérogatives à la nation, il nous octroie une charte dans laquelle il détermine les droits de chacun ; mais, après avoir déclaré que tous les Français sont égaux, qu'ils sont tous admissibles aux fonctions publiques et qu'ils contribuent tous proportionnellement aux charges de l'État, il exige : que les députés payent 1,000 francs de contribution et les électeurs 300 francs, d'où il suit que la nation est, pour ainsi dire, divisée en trois classes : 1° Ceux qui peuvent être députés ; 2° ceux qui ne peuvent être qu'électeurs ; 3° enfin ceux qui ne sont ni l'un, ni l'autre, les prolétaires de l'ancienne Rome. On vit bientôt les conséquences de cette division. Cette aristocratie d'un nouveau genre songea naturellement à profiter de ses avantages en s'exemptant le plus possible d'impôts.

Nous avons dit que, avant 1789, dans les dernières années de l'ancien régime, c'était le roi seul qui gouvernait, mais qu'obligé de ménager la noblesse et le clergé, forcé de compter avec la bourgeoisie des villes, il ne chargeait presque que le seul paysan ; s'il n'en fut pas de même sous la monarchie, restaurée de 1815, on arriva néanmoins, malgré le principe de proportionnalité inscrit dans la charte, à alléger les charges des grands propriétaires dans les dépenses publiques au détriment des habitants des campagnes. On chercha à créer des revenus aux communes en dehors des grands domaines et on rétablit la corvée en faveur des chemins vicinaux. C'est encore à ce même esprit qu'on doit la loi sur l'impôt des boissons.

Sous l'ancien régime, les seigneurs cherchaient à attirer des populations dans leurs domaines en leur concédant des terrains à cultiver, des pâturages pour les dépaissances des troupeaux et des affouages dans les forêts. Les habitants jouissaient de ces usages avec des droits déterminés; c'était une jouissance qui naissait au profit de la famille du jour de la fixation de son domicile dans la communauté. Vous comprenez, dès lors, que si l'on prend les biens communs pour subvenir aux charges locales on viole le principe de la proportionnalité au détriment des pauvres, car le riche alors ne paie pas davantage, et les grands propriétaires, qui n'ont pas leur domicile dans la commune (ce qui est le cas habituel), se trouvent complétement déchargés. Cependant c'est à ce résultat qu'a abouti l'ordonnance de 1818, en autorisant la mise en ferme des biens communaux.

La loi de 1816 sur les boissons consacre égalément une inégalité dans l'impôt. Sans doute elle supprime l'exercice qu'avait établi l'empire mais elle grève de droits très-élevés la circulation des vins et leur entrée dans les villes. Remarquez, je vous prie, que ces droits sont établis non pas suivant la valeur des vins, mais en raison inverse des besoins des populations, de telle sorte qu'on peut dire que plus une contrée manque de vin, plus une ville est populeuse, plus aussi on gêne sa consommation. Ces droits si légers ponr le riche qui ne boit que des vins fins, sont ruineux pour le pauvre qui ne peut se procurer que des vins ordinaires; ils diminuent sa consommation aux dépens de sa santé et de son travail, empêchent son approvisionnement et l'obligent à n'acheter qu'au détail et à payer ainsi, outre les droits de débit, les frais que le détail fait subir à toute marchandise.

On vous dira peut-être que le consommateur seul peut se plaindre de ces droits puisque c'est lui qui les paie, mais la réponse est facile; car si la consommation diminue, c'est au détriment du producteur et, surtout de celui qui ne produit que des vins ordinaires, puisque l'impôt atteint plus ses produits que ceux des crus renommés. Voilà, certes, des lois qui ne répondent pas aux principes proclamés par la charte. Je ne parlerai pas ici de la loi qui met les chemins vicinaux à la charge des communes et qui établit la prestation, parce que ce n'est qu'avec crainte et timidité que Louis XVIII l'a acceptée, et qu'en 1818, son gouvernement avait refusé d'approuver cet impôt comme contraire à la charte. Mais si vous ajoutez aux lois dont je vous ai parlé les menaces de restitution des biens des émigrés, et de reconstitution de la grande propriété, la loi dite du sacrilége, la proposition se rétablir le droit d'aînesse, vous comprendrez, j'en duis certain, la joie avec laquelle le peuple des campagnes accueillit la chute de la Restauration. Il faut reconnaître, cependant, qu'il n'eût pas à se louer davantage de la monarchie qui lui succéda. Semblables à ces barons féodaux qui, en 987, établissaient sur le trône un des leurs, Hugues Capet, au mépris des droits de la branche carlovingienne, les vainqueurs de 1830 voulurent, eux aussi, consacrer leur succès en livrant la royauté à un roi fait à leur image. Ils appelèrent sur le trône Louis-Philippe et intitulèrent son règne la meilleure des républiques. On peut dire que l'avénement de Louis-Philippe fut le triomphe de la bourgeoisie comme l'avénement de Hugues Capet avait été celui de la féodalité. Héritiers des principes de 1789, fils de ces bourgeois qui avaient enlevé au roi Louis XVI ses prérogatives et sa couronne, les bourgeois de 1830 crurent qu'ils en avaient fait assez lorsqu'ils eurent mis sur le trône un souverain de leur choix, et lui eurent dicté leurs conditions. Après avoir été pendant un demi-siècle les promoteurs du mouvement révolutionnaire, ils s'endormirent dans leurs succès, et voulurent, à leur tour, mettre un terme à la révolution et fermer la route à ceux qui n'étaient pas encore arrivés à la vie politique. Au lieu de se déclarer leurs instituteurs, ils les méprisèrent et se tournèrent contre eux. Sans doute ils abaissèrent le cens, mais pour grossir le nombre de cette aristocratie privilégiée, fondée sur la possession de la richesse et qui ne travailla que pour elle. On le vit bien en 1836.

Il s'agissait alors de reviser la fameuse loi de 1834 sur les chemins vicinaux, il s'agissait de savoir si ces chemins resteraient encore à la charge des communes rurales, le résultat des méditations de la bourgeoisie fut de nous imposer une troisième journée de prestation. Et cependant les raisons ne manquaient pas pour dégrever l'agriculture d'un fardeau si onéreux, qui lui coûte annuellement plus de 100 millions. Si les grandes routes, en effet, doivent être entretenues aux frais de tous (je dis entretenues à dessein, car beaucoup ont été faites par les paysans sous l'ancienne monarchie), quelle raison y a-t-il donc pour déclarer les chemins vicinaux une charge locale ? Si l'intérêt ne parlait pas si haut, on verrait bientôt la profonde injustice de cette division. Généralement, plus une commune est pauvre, plus elle a de chemins à entretenir, car plus le sol est riche, plus la population est dense, plus les villages sont rapprochés, et moins il y a de longueur en chemins vicinaux ; si cette richesse se traduit par une fréquentation plus grande du chemin, on le classe comme route, et l'Etat ou le département se charge de son entretien ; si c'est le contraire qui se produit, on déclasse pour mettre la route à la charge des communes : singulier moyen pour les enrichir.

Le chemin vicinal qui conduit d'une commune à la ville est le même que celui qui conduit de cette ville à cette même commune. Si cette ville est riche, si son commerce est florissant, elle étend plus loin son centre d'affaires, elle jouit des voies publiques, grandes et petites ; elle devrait donc contribuer à leur entretien, en raison directe de l'intérêt qu'elle y a. Eh bien ! c'est tout le contraire qui arrive. La commune paye son chemin pour se relier à la ville, et paye encore pour relier la ville à d'autres villes, puisque l'entretien des routes est à la charge de l'État. Le législateur de 1836, comme celui de 1824, semble dire au paysan : « Les routes sont faites, tâchez de vous y relier si vous pouvez, mais si vous ne pouvez pas, comme il est de l'intérêt de tous que vous le soyez, nous saurons vous y contraindre. » Et, en effet, remarquez que si une commune n'entretenait pas ses chemins, toutes les communes en souffriraient ; aussi, en cas de refus, les impose-t-on d'office. Le vice de ce système s'est d'ailleurs fait sentir ; il a fallu créer des chemins d'intérêt commun et de grande communication pour pouvoir faire faire tous les chemins utiles à la circulation générale. De cette façon, on fait contribuer les communes en dehors de leur territoire.

Toutes les voies publiques nécessaires à la circulation ont le même but et la même destination, toutes doivent être soumises aux mêmes règles. Leur largeur et leur solidité varient suivant leur fréquentation, mais ce n'est pas une raison pour que celles qui coûtent le plus cher et desservent les villes soient d'intérêt général et les autres d'intérêt local. L'intérêt local est réel pour les unes comme pour les autres. Il varie suivant la richesse de la commune et de sa population, et pour faire juste, il faudrait le fixer pour chaque commune sans exception. On déterminerait le contingent de matériaux et de transports auquel toute commune serait tenue sur les voies publiques, ou les sommes représentatives de ce contingent, avec faculté de se libérer en argent ou en nature. Mais si l'on ne peut en arriver là, on doit du moins mettre les chemins, comme les routes, à la charge de l'État.

La commune que j'habite est imposée en centimes, revenus ordinaires et prestations d'une somme représentant 0. fr. 57 c. par franc des quatre contributions, environ 4 francs par tête, ou 12 francs par ménage pour l'entretien seulement, tandis que quelques communes ne payent absolument rien, parce qu'elles sont desservies par des routes construites aux frais de tous. Vous savez, Monsieur, que pour construire ces chemins, on ne s'est pas borné aux ressources des communes, on a encore rétabli l'ancienne corvée sous le nom de prestation, afin de soulager les grands propriétaires n'ayant pas leur domicile dans les communes. Ceux-là, en effet, ne payent pas les prestations et ne sont pas atteints par les charges qui pèsent sur le fonds communal.

La prestation, il est vrai, se sépare de la corvée en ce qu'elle est rachetable, mais elle n'en est pas moins injuste, car comme on a pris pour type de la journée celle de l'ouvrier agricole, ceux qui peuvent en un jour gagner davantage la rachète, de telle sorte que ce sont ceux qui ont le plus de difficulté de gagner leur vie qui en sont accablés. Il n'y a pas jusqu'à la conversion en tâches qui ne favorise cette injustice, car la tâche étant réglée sur le travail moyen de trois journées de prestation, l'homme fort fait sa tâche en moins de trois jours, tandis que le faible en met davantage, quand il aurait besoin de tout son temps pour se suffire à lui-même. Louis XVIII ne permit que malgré lui, aux conseils municipaux, de voter deux journées de prestation en cas d'insuffisance des ressources communales et des prestations, 0 fr. 05 d'impôt, avec le concours des plus imposés ; Louis-Philippe fit mieux, il imposa une troisième journée, mais il permit, par compensation, de voter les 5 c., sans le concours des plus imposés ; ces 0 fr. 05 n'ont jamais représenté une journée de prestation, et comme la contribution n'augmente pas, tandis que le prix de la journée va toujours croissant, c'est sur le travail, et sur le travail le moins rétribué, que pèse tout le poids de l'entretien des chemins ; mais voilà comme la bourgeoisie entendait l'impôt proportionnel. Je pourrais ajouter beaucoup d'autres faits semblables, mais il me suffira de citer le traitement des gardes champêtres. On pourrait croire que ce sont ceux-là seuls qui ont des propriétés à garder qui les payent ; il n'en est rien, leur traitement est pris sur les revenus communaux ; ceux qui n'ont pas de propriétés payent pour garder celles des autres.

Ainsi, vous le voyez, Monsieur, la bourgeoisie arrivée au pouvoir n'a rien su faire pour nos intérêts ; au lieu de resserrer les liens qui l'unissaient au peuple, elle s'en est isolée indifférente et même ennemie. Telle elle fut en 1830, telle on la retrouverait, si par quelque jeu surprenant de la fortune elle revenait encore au pouvoir. La révolution qui l'a renversée ne lui a rien appris; elle est restée ce qu'elle était autrefois, la bourgeoisie censitaire et privilégiée. Loin de se rapprocher du peuple, elle donnerait plutôt la main à l'ancienne monarchie. On l'a bien vu quand le comte de Paris a reconnu les droits du comte de Chambord à la couronne de France. On peut dire que la famille d'Orléans a signé ce jour-là son abdication.

Reste l'empire ; nous verrons bientôt ce qu'il a donné à la France et ce que nous pourrions attendre de lui.

Recevez, etc.

Monsieur,

Je commence par le premier Empire ; il a tellement servi à l'établissement du second qu'il est nécessaire d'exposer rapidement ses actes. Je ne vous parlerai pas de ces guerres continuelles, qui ont ruiné notre commerce et notre agriculture, et qui ont abouti au désastre de Waterloo ; je ne m'occuperai que de l'administration intérieure ; elle est peu connue, et mérite cependant de l'être.

Sous le Consulat et sous l'Empire, on n'a plus que la parodie du suffrage universel ; le suffrage à deux degrés existe toujours, sans doute, mais dévoyé et affaibli. Les citoyens désignent un dixième d'entre eux pour former une liste départementale, ceux-ci choisissent un second dixième, dans lequel sont pris le Sénat et le Corps législatif par le gouvernement. L'Empire supprime les magistrats élus pour les remplacer par des magistrats nommés. Les conseils municipaux sont choisis parmi les cent plus imposés ; mais il se garde bien de soumettre ces réformes à la sanction du peuple. « La plus belle conception de l'esprit humain, dit le rapport du projet de constitution, peut-elle être délibérée par la foule, et, dès lors, peut-elle de bonne foi devenir l'objet de son acceptation qui, si elle n'est pas une jonglerie, doit être déclarée. ? » Singulier mépris de l'intelligence de la foule, de la part d'un homme qui, quelques années plus tard soumettait à sa sanction la constitution impériale ; la vérité, c'est qu'il n'avait pas encore eu le temps d'organiser une administration dévouée à ses intérêts. L'année de son sacre, le 25 février 1804, il rétablit l'impôt sur les boissons sous le nom de droits réunis. J'ai déjà parlé de cet impôt à propos de la restauration, j'en ai signalé les inconvénients pour l'agriculture, mais ce qui le rendait peut-être encore plus odieux qu'il ne l'est aujourd'hui, ce fut l'établissement de l'exercice chez les particuliers. C'est encore à ce régime qu'on doit la création des majorats et le rejet de certaines charges publiques sur les départements et les communes.

Le majorat est une dotation en propriété ou en rente, faite par l'Etat à un dignitaire, pour qu'il puisse vivre aussi largement qne son titre le comporte; il passe avec le titre à l'héritier direct ou adoptif du titulaire. C'est une charge pour l'Etat tellement contraire aux principes démocratiques, que l'Assemblée de 1848 les a supprimés. Le Corps législatif, malgré sa souplesse sous le second Empire, a refusé de les rétablir en faveur du comte de Palikao. C'est le rétablissement du droit d'aînesse au profit de certaines familles, pour former autour du trône une nouvelle noblesse, afin d'en augmenter l'éclat. On peut s'étonner qu'un homme, issu de la Révolution, ait songé à rétablir, sur les ruines de l'ancienne monarchie, une société taillée sur son patron; mais il faut réfléchir qu'à cette époque, l'Empereur avait déjà oublié son origine.

Le rejet des charges publiques, relatives aux voies de communication, sur les départements et les communes, a eu pour effet d'alléger les contrées riches au détriment des pauvres, et de faire supporter à la propriété une partie du fardeau de la dette publique. L'Empereur, en agissant ainsi, a diminué sans doute les charges d'un budget obéré ; mais les départements qui n'ont de ressources que les centimes qui s'ajoutent aux quatre contributions, ont été obligés de les doubler pour subvenir à ces nouvelles dépenses. Cela ne suffit pas d'ailleurs pour équilibrer le budget, et l'Empereur dut, par l'ordonnance du 20 mars 1806, faire vendre les biens communaux qui n'étaient pas laissés à la jouissance des habitants, sous prétexte de les transformer en rentes sur l'Etat. Ces rentes, que sont-elles devenues ?

L'Empereur avait confisqué toutes nos libertés ; il avait choisi le Sénat entièrement à sa dévotion, et cependant, c'est ce même Sénat qui, le 3 avril 1814, prononçait sa déchéance et abolissait l'hérédité.

« Considérant, dit le Sénat, que Napoléon Bonaparte a déchiré le pacte qui l'unissait au peuple français, notamment en levant des impôts, en établissant des taxes autrement qu'en vertu d'une loi, contre la teneur expresse du serment qu'il avait prêté à son avènement au trône, Qu'il a commis cet attentat aux droits du peuple lorsqu'il venait d'ajourner sans nécessité le Corps législatif, et de faire supprimer, comme criminel, un rapport de ce corps auquel il il contestait son titre et sa part à la représentation nationale. Qu'il a entrepris une suite de guerres en violation de l'art. 50 de l'acte de constitution du 22 frimaire an VIII, qui veut que la déclaration de guerre soit proposée, discutée et promulguée comme lois... Qu'il a inconstitutionnellement rendu plusieurs décrets portant peine de mort... Qu'il a violé les lois constitutionnelles par ces décrets... Que les actes et rapports entendus par le Sénat ont été falsifiés dans les publications qu'il en a faites...

« Déclare Napoléon déchu du trône, etc... »

La gloire de Napoléon passera à la postérité avec son nom, comme celle des Annibal, des César et autres conquérants ; mais qui pensera à ceux qui l'ont servi et qu'il a sacrifiés à son ambition ?

Le second Empire n'a pas eu, à beaucoup près, la gloire du premier, mais comme Napoléon 1er, Napoléon III jura de maintenir la République, et il ne craignit pas de se parjurer, et de l'étouffer dès que l'occasion lui en a paru favorable ; comme lui, il fit la guerre ; comme lui, il laissa la France meurtrie et mutilée.

Avez-vous quelquefois songé à la moralité de ses actes de violences contre vos représentants ; y avez-vous réfléchi lorsque vous avez sanctionné ce forfait : vous aviez choisi librement vos mandataires pour faire des lois ; un jour, on les emprisonne, on les bannit, on les ruine eux et leurs familles pour les avoir défendus ; ensuite, on vous demande votre approbation et vous la donnez. Mais voyez quel fut le résultat de cet abandon de la France par les Français de 1851 : L'empereur que vous aviez proclamé, peuple le Sénat et le Corps législatif d'une foule de grands dignitaires qu'il récompense ainsi de l'avoir aidé dans son coup d'Etat. Comme Louis XVIII, il se réserve la nomination du Sénat, et il organise la candidature officielle. Tous les fonctionnaires de tous les ordres sont obligés d'aider au succès des candidats officiels, ou bien ils sont menacés. Ceux qui osent faire de l'opposition sont exposés à toutes sortes de tracasseries ; c'est à des députés choisis par le gouvernement lui-même que vous confiez son contrôle. Le contrôlé choisit le contrôlant, moyen commode de n'être jamais gêné dans son administration.

Ce sont les habitants des campagnes qui ont donné à l'empire les plus grandes preuves de dévouement; il semble qu'il eut dû les protéger et c'est le contraire qui est arrivé. L'empereur retire aux maires la police des lieux publics pour la donner aux préfets, comme si les maires n'étaient pas des gardiens assez sûrs de la moralité de leur administrés; il ajoute aux attributions du garde champêtre, de telle sorte qu'il crée à côté du maire une autorité rivale et pour ainsi dire chargée de le surveiller. Il y aura en France trois catégories de citoyens : 1° Les habitants des grandes villes se coucheront à minuit ; ceux de la plupart des autres villes, à onze heures, quelques-unes à dix; mais les paysans à neuf heures en hiver et dix heures en été. Il est nécessaire de les préserver de l'atmosphère pestilentielle des cafés; c'est le préfet qui se charge de les moraliser et de juger si leur conduite a été sage (lisez si les élections ont été bonnes), pour accorder une prolongation les jours de fêtes publiques.

L'Assemblée nationale, en 1848, avait créé des chambres d'agriculture par élection; mais l'empereur, qui veut avoir la main partout, remet aux préfets la nomination des membres de ces sociétés.

Qu'importe, dira-t-on, ces dépenses exagérées, ces atteintes portées à la liberté; qu'importe que l'empereur ait enlevé aux maires la police des lieux publics : sous son règne, du moins, on vendait bien ses denrées. Si le fait qu'on signale avait été circonscrit dans l'empire, on pourrait supposer que l'homme ou le régime a été pour quelque chose dans cette apparente prospérité; mais le fait est commun à toutes les nations. De 1851 à 1856, on ne peut pas dire qu'il y eut prospérité, puisque le le gouvernement a ordonné une enquête sur les souffrances de l'agriculture et que cette enquête en a relevé un grand nombre.

On doit à la vérité, à l'empire, le libre échange, mais ses effets sur la production agricole sont bien discutés, et, d'ailleurs, cette époque a coïncidé avec l'exploitation des mines d'or de l'Australie et l'abondance du numéraire a amené, comme il continue de le faire, la hausse des denrées.

Les nombreux emprunts qui ont été faits n'ont pas peu contribué non plus à donner au pays une apparence de richesse; mais les dettes ne sont pas payées.

Ce n'est pas l'empire qui a fait les chemins de fer ; la loi de 1842 avait ordonné la construction de plusieurs lignes, seulement comme toutes les nations en possédaient plus que nous, on a dû en faire sous ce régime et nous sommes encore un des pays où il y en a le moins. La masse des travaux entrepris dans cette période a jeté considérablement de numéraire dans la circulation, mais ce n'est pas à l'empereur qu'en doit revenir l'honneur, puisqu'il en a été de même partout. Ce qu'il a favorisé surtout, c'est l'industrie et le commerce, non l'agriculture.

Je vous ai montré la différence qui existe entre les villes et les campagnes, relativement aux voies de communications de terre ; entre les villes qui ne paient pas les frais de construction et d'entretien de leurs routes , et les campagnes que l'on ruine avec les chemins vicinaux. La même politique a été suivie pour les chemins de fer. Sous prétexte d'intérêt général on a enrichi les grands centres de grandes lignes ; les moyens centres se sont plaints alors, et on a créé pour eux, comme pour les grands, un second, un troisième et même un quatrième réseau, et cela avec force subvention de l'Etat et sans demander un centime de contribution à ces localités privilégiées. Le commerce et l'industrie, une fois satisfaits, on a fait la loi de 1865 sur les chemins de fer d'intérêt local, qui met ceux-ci à la charge des départements, des communes et des particuliers. Ces chemins de fer sont, il est vrai, construits avec plus d'économie, mais ils ont des trains moins rapides et moins fréquents ; et les sacrifices locaux qu'on exige des départements, des communes et des particuliers dans ces contrées déshéritées, aggrave encore leur situation. Ainsi le législateur de 1865 a, comme celui de 1836, abandonné l'agriculture à ses propres forces.

Les chemins de fer ont changé la face du monde et

relevé le niveau général du bien-être; mais précisé-
ment à cause de leur puissance et de l'influence qu'ils
exercent sur la fortune publique et privée, ceux qui
en possèdent sont munis d'un capital considérable qui
manque aux autres.

Ajoutez à cela qu'on a donné les chemins de fer en
monopole à des compagnies qui n'ont pas naturellement d'autre intérêt que le leur, et qui se défendent
le plus possible d'accroître le nombre de leurs lignes;
elles recherchent les pays les plus riches pour en reti-
rer des bénéfices, et elles y attirent naturellement l'industrie. C'est ainsi : tout concourt à dépeupler et à ruiner les pays les moins avantagés, et la richesse et la
population se concentrent sur les points privilégiés.

Apercevez-vous maintenant, Monsieur, les résultats
de cette politique. Les villes, le commerce et l'industrie se sont enrichis, et cependant, malgré le renché-
rissement des denrées et l'abaissement de la valeur de
l'argent, la terre est abandonnée, et loin d'avoir pro-
fité de cet accroissement de richesse, elle a diminuée
de valeur et n'offre même plus de garantie aux capitaux.

L'empire s'était bien aperçu déjà de ces résultats;
il avait cherché à les atténuer en favorisant l'achève-
ment des chemins vicinaux, par la loi de 1868. Vains
efforts. S'il fit en effet porter quelque argent sur les
chemins vicinaux, les nécessités de sa politique l'en-
traînèrent bientôt à autoriser les conseils municipaux
à voter au besoin une quatrième journée de prestation et à ggraver encore les charges des ouvriers des
campagnes en permettant de faire porter des prestations sur les chemins ruraux qui ne servent qu'à l'exploitation des propriétés particulières.

Ne vous étonnez donc pas si chacun se retire
vers la ville ou vers les centres industriels. La vie
y est un peu plus chère, mais combien plus facile,

plus abondante et plus recherchée. Le riche y trouve tout le confortable qu'il peut désirer, places, promenades, théâtre et amusements de toute nature, recueils, journaux, musée, bibliothèque; l'instruction à tous les degrés pour ses enfants s'il en a; chemins de fer, omnibus, voitures de place à toute heure, télégraphe, banque, et tous les services publics de l'État etc., toutes choses enfin qu'on ne trouve pas à la campagne et qu'on ne se procure qu'à grands frais. Les pauvres sont naturellement attirés vers ces mêmes points où ces richesses agglomérées assurent du travail aux ouvriers de tous états; l'instruction gratuite pour leurs enfants; les facilités d'apprentissage; les secours de toute nature en cas de maladie, etc. Qu'y a-t-il d'étonnant qu'il émigre, quand on a fait tout pour arriver à ce résultat ?

L'ouvrier ne trouve plus à la campagne les avantages qu'il avait avant l'empire, car ce n'est que depuis l'empire qu'on a mis en coupe réglée tous les revenus que pouvaient se faire les communes avec leurs biens, et le cultivateur n'a pas les moyens de payer pour les journées un prix que l'ouvrier peut trouver ailleurs.

L'empire, vous le voyez, Monsieur, n'a rien su faire non plus pour nos intérêts; il nous a complètement sacrifiés aux exigences du commerce et de l'industrie, parce que notre ignorance était un sûr garant de notre fidélité. Des hommes qui reçoivent leurs députés des mains du gouvernement ne sont jamais bien à craindre, et l'on peut impunément exploiter leur sottise. Si l'agriculture sacrifiée, nos libertés ravies, la perte de deux provinces, une rançon de 5 milliards, ne suffisaient pas à nous prémunir contre les tentatives du parti impérialiste, ce serait à désespérer de la France,

Recevez, etc.

Monsieur,

Nous avons vu ce qu'ont fait tous les gouvernements monarchiques, y comprit les deux Empires pour les populations rurales; tous ont cherché à s'attacher les puissants en sacrifiant les petits, surtout les campagnards qu'ils ont éloignés des affaires publiques. La Révolution de 1789, les a relevés de l'asservissement dans lequel les avaient plongés les monarchies du droit divin et le régime féodal. Elle divisa la France, en départements et arrondissements, et mis dans chacune de ses circonscriptions un conseil, élu par le suffrage universel; ces conseils choisirent eux-mêmes les administrateurs de ces circonscriptions.

Avant la Révolution, le droit de chasse était un privilége réservé aux seigneurs, qui avaient établi partout des garennes pour renfermer le gibier, et quoique ce gibier ravageait les récoltes, défense était faite aux paysans sous peine des galères de lui causer du dérangement. L'Assemblée nationale supprima ce droit ainsi que tous les anciens droits féodaux (30 avril 1790); elle institua la justice élective (16 août 1790); proclama la liberté de réunion (27 mars 1791); décréta la liberté pour le cultivateur de jouir comme il l'entendrait de sa propriété et de ses récoltes (14 septembre 1791); et rédigea le 6 septembre 1791 le Code rural.

Le 14 septembre 1792, l'Assemblée rétablit les communes dans les biens dont elles avaient été dépossédées au profit des seigneurs par l'ordonnance de Louis XIV, de 1669, et le 25 septembre 1792, elle organisa l'état civil. Elle admit le principe que tous les travaux publics seront exécutés aux frais de l'Etat (16 décembre 1793). Du 3 juillet 1795, date l'institution des gardes champêtres dont le traitement devait être pris sur les propriétés foncières au marc le franc; c'est elle enfin qui organisa l'instruction publique.

La République de 1848, reprit la série des réformes et des innovations utiles. C'est l'Assemblée nationale de 1848, qui organisa l'instruction agricole à trois degrés : le premier degré comprenant l'enseignement pratique dans les fermes écoles établies dans chaque département; le deuxième degré l'enseignement théorique et pratique dans les écoles régionales; enfin l'enseignement au troisième degré donné à l'institut de Versailles, a pour but de former les professeurs. Tous ces degrés d'enseignement sont donnés aux frais de l'Etat. L'Assemblée avait également créé une chambre d'agriculture dans chaque département.

L'art. 13 de la constitution de 1848, portait : « la société, favorise le développement du travail, par l'enseignement primaire gratuit. »

Le 7 mai 1849, elle abolit les majorats.

La République n'eût pas le temps de faire beaucoup pour les compagnes parce qu'elle n'eût pas une longue vie, mais au moins elle a fait quelque chose, quand au contraire les autres gouvernements les ont exploitées.

L'Assemblée qui vient de faire la République pour la troisième fois, ne l'a faite que malgré elle. Elle a commencé par être libérale, dans l'espoir de faire accepter ses idées monarchiques; mais elle n'a pas tardé à devenir réactionnaire. Dans les élections qui vont avoir lieu, l'administration vous sollicitera et cherchera à diriger votre vote. N'oubliez pas que vous remplissez un acte de souveraineté, dans l'exercice duquel personne n'a le droit de vous diriger; qu'au jour des élections, il n'y a personne au-dessus de vous, et que si vous devez, comme maire, en toutes circonstances, le respect à vos supérieurs hiérarchiques, vous ne devez compte qu'à votre conscience du vote que vous allez émettre. N'oubliez pas surtout que vous avez besoin d'un contrôle sérieux, appliqué à tous les actes du gouvernement, et que choisir des gens agréables, c'est renoncer à ce contrôle. Enfin, votre vote ne doit pas être en contradiction avec celui de l'opinion générale du département qui est républicain, surtout parmi les populations les plus éclairées. Votez donc franchement pour des candidats républicains.

Mais il ne suffit pas de dire qu'on accepte la République parce qu'on n'a pas pu faire autrement, il est nécessaire que vous vous assuriez que les candidats ne feront aucun acte, qui soit de nature à donner des craintes sur sa durée. Il ne faut pas que dans le cas où le Président actuel viendrait à manquer, on put nommer à sa place un prince quelconque.

Il ne faut pas non plus perdre de vue les intérêts divers que vous voulez faire prévaloir, et vous devez préférer ceux qui s'engagent à les défendre, à ceux qui les combattent ou les éludent.

Toutes les Constitutions ont toujours promis que chacun payerait l'impôt suivant ses facultés; mais au lieu de tenir cette promesse, on a imaginé toutes sortes d'impôts pour éviter cette proportion.

Il est établi que les impôts qui frappent l'individualité personnelle, communale ou départementale, ont pour effet de faire disparaître la proportionalité et d'atteindre le pauvre plus que le riche.

L'agriculture est non-seulement en souffrance, mais elle est menacée dans son capital; car malgré l'abondance du numéraire et la cherté des denrées, le prix de la terre a baissé plutôt qu'il ne s'est élevé; et tandis que dans les grands centres, le prix des maisons et des loyers suit une progression ascendante, celui des terres suit une proportion contraire.

Déjà les machines ont remplacé la main-d'œuvre en beaucoup de points, mais toutes les plantes n'en permettent pas l'emploi, et tous les sols ne conviennent pas à toutes les plantes. Ce que les grands domaines peuvent faire avec des machines, ne peut-être appliqué aux petits qu'au moyen de l'association, et cette association est plus facile à conseiller qu'à exécuter ; elle est d'ailleurs elle-même une perturbation dans la liberté de la culture.

Comment employer des machines dans les vignes de la région de l'Est, où le climat, où la nature du cepage obligent à tenir la vigne près de terre ; devrat-on renoncer dans ces circonstances à la culture de la vigne ? On ne peut épamprer avec des machines, et le bas prix du vin ne permet pas de suivre l'élévation des salaires.

Il ne faut pas perdre de vue que c'est une révolution territoriale qui commence contre les moyens et les petits propriétaires ; votre intérêt exige que vous y fassiez attention.

L'agriculture, l'industrie et le commerce sont les trois principales forces qui occupent l'activité humaine ; les sciences et les arts les secondent plus ou moins ; de ces trois branches, l'agriculture est la moins avancée, parce que c'est elle qui nécessite les plus rudes travaux, qu'elle est peu rémunératrice, et qu'on n'a rien fait pour elle. L'agriculteur travaille sans relâche et subit toutes les vicissitudes de l'inconstance dés éléments, auxquels les grains qu'il confie à la terre sont exposés. Qu'il récolte beaucoup, peu ou pas, ses dépenses sont à peu près les mêmes ; s'il n'a pas d'autres capitaux, il vit de privations en attendant des temps meilleurs. Il ne peut pas tenir compte du prix de revient de ses denrées pour les vendre, parce que grâce aux moyens de transport dont on dispose, le commerce comble le vide, en amenant sur le marché où il y a pénurie, les mêmes denrées récoltées ailleurs abondamment. Avec une succession de mauvaises années, tout une contrée peut être ruinée sans que les autres branches d'industrie en souffrent, et cela malgré les meilleures méthodes de culture et les plus belles connaissances de pratiques agricoles, car aucune assurance ne garanti les récoltes.

L'industriel, ni le commerçant ne peuvent subir les mêmes désastres. Ils sont exposés à des mécomptes, résultant de faux calculs ou d'imprévoyances funestes; mais la plupart du temps, ils sont eux-mêmes les auteurs de leur ruine. Lorsqu'une cause quelconque élève le prix de revient des objets fabriqués, on fait subir les mêmes élévations aux prix de vente, et tout est réparé. Le commerce fait de même; il peut bien arriver que les approvisionnements dépassent une certaine mesure, subissent une baisse en magasin, mais elle est toujours peu importante; et, d'ailleurs, le contraire arrive également, et le stock profite de la hausse.

On ne peut guère aujourd'hui réclamer la suppression de l'impôt sur les boissons sans pourvoir à son remplacement, et la terre est trop délaissée pour qu'on puisse songer à y substituer un impôt foncier; mais tout privilége étant contraire à la démocratie, on a le droit de demander que l'impôt soit proportionnel, et que les grands vins qui figurent sur les tables opulentes soient taxés suivant leur valeur, en déduction de ceux qui ne sont consommés que par les classes ouvrières.

On a aussi le droit de demander que les octrois soient remplacés par des taxes locales, qui n'atteignent pas les étrangers dans les villes où les services publics de toute la région se trouvent installés, et où les habitants des campagnes s'approvisionnent forcément.

Il est incontestable que les chemins vicinaux, peut-être plus que les routes, dont ils ne sont que des ramifications, ont accru la prospérité générale, et qu'ils font aujourd'hui la richesse des chemins de fer; il est donc injuste de prétendre qu'ils n'ont qu'un caractère d'intérêt local, afin de les mettre à la charge des communes rurales, tandis qu'on refuse aux routes le moindre caractère d'intérêt local vis-à-vis des villes pour les exonérer de leur entretien.

L'intérêt local, comme l'intérêt général est indéniable aux uns comme aux autres; il y a lieu de déterminer ce double intérêt pour les uns comme pour les autres, afin que les communes rurales ne soient pas écrasées d'impôts sur les voies publiques, quand les villes en sont exemptes ou à peu près.

Il est incontestable aussi que chacun étant utile à la société en raison de ses facultés, et que chaque enfant devant le service comme soldat, et étant appelé à la vie publique comme citoyen, l'instruction primaire est non-seulement d'utilité, mais d'ordre public; qu'il y a lieu de la part de l'État de prendre une part dans l'instruction, afin que toutes les communes puissent la donner aussi large que possible sans se ruiner.

Il ne faut pas que les chemins de fer deviennent, par les priviléges et le monopole, un instrument de spéculation qui favorise les grands centres, au détriment des petits; il ne faut pas qu'ils cantonnent le commerce et l'industrie où il leur plaît, et où le plus souvent la faveur les a fait exécuter; il ne faut pas qu'on fasse payer aux petits ce qu'on n'a pas fait payer aux grands; quand le contraire est seul logique.

Mettre sans conditions un grand capital au service des puissants parce qu'ils sont puissants, c'est déjà ruiner les petits ; mais leur demander encore des subventions, quand, au contraire, les avantages et bénéfices procurés par les premières lignes devraient être employés uniquement à les doter ou les indemniser : voilà qui est souverainement injuste.

Je termine, Monsieur : ma tâche est accomplie ; vous m'avez demandé de vous présenter, en racourci, l'histoire des gouvernements passés, je l'ai fait ; je laisse aujourd'hui la parole aux événements, car vous pourrez voter en connaissance de cause. « Labourage et pâturage, disait autrefois Sully, sont les deux mamelles de la France », ne l'oublions pas, mon cher Monsieur, mais n'oublions pas surtout que l'agriculture ne sera prospère que du jour où les habitants des campagnes seront convaincus de la nécessité de pourvoir eux-mêmes à leurs propres affaires.

Recevez, etc.

Paris. — Imp. Moderne (Barthier, directeur), rue J.-J.-Rousseau, 61.